HABÍA UN INDIO

RAMIRO MORRIS DÍAZ

La historia de un misionero pionero de Rio Tigre de
las Islas de San Blas – Panamá

TAL COMO FUE CONTADA A
JUANITA Y RICARDO LARSON

Autora: Janice S. Larson (Juanita)

Corrección de estilo: Gracias a John Salmon por su ayuda en corregir y ajustar el estilo, a la vez preservando el "sabor rustico" del dialogo.

Gracias al Reverendo Ricardo Girón, Pastor de La Catedral de Vida en la Ciudad de Panamá, por sus consejos y su ayuda logística. Gracias, también, por la ayuda de Leticia de Mela, Administrativa Asistente de Ricardo Girón.

Otros libros de esta autora:
- El hizo Algo Bello
- He made Something Beautiful

ÍNDICE

INTRODUCCIÓN

Es con gran entusiasmo y mucho honor que presentemos la historia de Ramiro Morris. Hemos conocido a Ramiro por más de 46 años, y tenemos tanto amor y respeto por él. Vivimos mucha de su historia con él.

Es un pionero, un hombre de Dios que ha sufrido mucho pero, como Job, él puede decir: "Todo fue el plan de Dios".

Por medio de Ramiro Morris, la obra de las Asambleas de Dios con los indígenas empezó en Panamá.

Las palabras en este libro son las palabras de Ramiro, casi como él nos relató su historia a nosotros. Es su historia, y como él la recuerda y la ha vivido.

Hemos cambiado algunas palabras para facilitar la comprensión. Nuestra oración consiste en que, al leer este libro, usted en su vida sea bendecido, inspirado, motivado y que al final de su vida, usted también pueda decir: **"Todo fue el plan de Dios".**

Juanita y Ricardo Larson

PERO ENTRE LOS MISIONEROS

HABÍA UN INDIO LUCHANDO TAMBIÉN

Capítulo 1

Mi nombre es Ramiro Morris, y yo soy indio.

Nací el 10 de abril de 1935 en la isla de Río Tigre, una de las Islas de San Blas.

Esta es mi historia como yo la recuerdo.

Mi papá se llama Wilfred Morris y mi mamá se llama Emilia Díaz de Morris. Yo pude conocerlos, pero esta historia la viví más tarde.

LOS RESCATARON

Mi papá, Wilfred, estuvo muchos años en Panamá afuera de las islas. El conoció a un señor, que se llamaba Thomas Pío, un negro de Bocas del Toro.

Ellos se conocieron en 1910. Ambos se hicieron amigos, y dijeron: "Vamos para Los Estados Unidos".

En 1910 tomaron un barco y se fueron para los Estados Unidos. En este tiempo el Doctor Porras era Presidente de Panamá y dieron un escrito. No había pasaporte, ni cédula, pero una carta de recomendación. Así se fueron en un barco de vela.

Llegaron a los Estados Unidos y después se fueron en un barco que iba para Europa. Cruzando por Canadá, donde tienen mucho hielo (*icebergs*), el barco chocó con el hielo. El barco era de madera y se hundió, pero vino otro barco que los rescató, y los llevó para Inglaterra.

En Inglaterra comenzaron a trabajar, llevando carga desde allí, pasando todo el continente de África, hasta la isla de Australia. Pasaron varios años haciendo esto.

Una vez de regreso, cruzando el continente de África, acercándose a España, había una roca grande, y chocaron. El barco se hundió, pero fueron rescatados.

ESTABA EN LA PLAYA DE LA ISLA

Vino la guerra mundial en 1914 y pasaron los años. Ellos regresaron en el año 1927, mi papá a la isla Comarca Cuna, y el señor Thomas Pío regresó a Bocas del Toro. El señor Thomas Pío se casó con Marta Castro, y entonces ya su nombre era Marta de Pío.

En la Isla de San Blas, la señora Emilia (la que iba a ser mi mamá) estaba sola, ya que su primer esposo se murió. Se quemó en el río Atrato. Ella tenía tres hijos en ese tiempo.

Se casó con Wilfred Morris y de parte de mi papá nacieron cuatro hijos más. Yo nací el 10 de abril de 1935. Yo recuerdo que estaba en la playa de la isla

"¡AQUÍ ESTÁ; TÓMELO Y LLÉVELO!"

En 1943, mi papá salió de la isla, regresó a Colón, y se encontró con el mismo señor Thomas Pío. Ellos estaban juntos otra vez llevando carga de Bocas del Toro a Colón.

El señor Thomas preguntó a mi papá:
-Mire, Señor Wilfred, ¿cuántos hijos tiene?
Mi papá dijo:
-Yo tengo cinco hijos y dos hijas.
Mi papá preguntó al señor Thomas:
-¿Cuántos hijos tiene?
Él contestó:
-No tengo ninguno. Mi esposa estaba embarazada dos veces, pero no nació ninguno.

Ahora, el señor Thomas dijo:
-¿Bueno, nosotros somos amigos por tantos años, y por qué no me da uno de sus hijos?

Mi papá fue a buscarme a mí y me entregó sin ningún papel, sin ningún testigo, al señor Thomas.
-¡Aquí está; tómelo, y llévelo!

Así me vine a Puerto Limón, en Costa Rica, en los años 1945 – 1946.

Era Punta Mono, un lugar de montañas, vacas, gallinas y todo esto. Yo crecí en ese lugar. No había escuela, pero el Señor Pío y Marta de Pío, me dijeron que iban a tenerme como su hijo y me dijeron, también, que iban a educarme.

Pero no lo hicieron, porque ya la mamá y el papá de ellos eran viejos. Tenían más de 70 años, ya mayores. Yo tenía que atenderlos a ellos, cuidar el ganado, las gallinas y todo esto.

ACEPTÉ A CRISTO

En el año 1953. Yo era joven ya, trabajando en el campo con cacao. Vinieron los misioneros David Kensinger y el misionero Louis Spencer. Llegaron al lugar de Talamanca e hicieron una campaña de tres días con los negros. Al tercer día de la campaña, yo acepté a Cristo como Salvador. Ya el hermano Juan Paddyfoot era el pastor.

Mi mamá y papá no sabían que yo era cristiano. Ellos eran católicos y yo estaba escondiendo que ya era cristiano.

Pero a mi hermana de crianza le gustaba bailar, y ella dijo:
-¡Ramiro, vámonos! Viene una orquesta de San José y nos vamos a perder la música.

Yo era joven y a mí me gustaba bailar también. Ella me dijo:
-¿Usted es cristiano ya?

Pero no le contesté a ella ninguna palabra.
El siguiente día, yo le dije a ella:
-Usted tiene que perdonarme. Yo nunca he rechazado sus consejos pero, hoy día, sí voy a rechazarlos. Yo no voy con usted. Vaya usted sola. Me voy en otro camino.

Ella se enojó conmigo y me dijo:
-No debe ser tan tonto. Yo pensaba que los Indios de San Blas eran tan vivos. ¿Por qué ha hecho tal cosa? ¡Bueno, yo le voy a decir a mamá que usted es cristiano!

Yo fui al Pastor Juan Paddyfoot. Él estaba en la plataforma de la iglesia. Yo agarré su mano y le dije:
-Hermano Juan, ore por mí, porque mi hermana me va a acusar que soy cristiano.

Al terminar el servicio, a las nueve de la noche, yo regresé otra vez a Puerto Viejo y ya todo comenzó.

ECHADO DE LA CASA

Yo llegué a las 11:00 pm, pero nada pasó. En la mañana, yo fui a trabajar y todo estaba bien. Vine la segunda vez a comer, a las 3:00 p.m., y me arreglé para ir a la iglesia. Ahora mi hermana estaba despierta. Pero Dios hace todo lo correcto y bueno.

Mi otra hermana de crianza estaba allá. Mi mamá miró mi camisa y me dijo:

-Usted se siente muy hombre ya, y no quiere obedecernos, y usted ya es evangélico.

Ella siguió:

-¡Los evangélicos son satánicos, porque ellos entran por la ventana! Los católicos son legítimos, porque Dios le dijo a Pedro que él iba a ser la iglesia y el primer Papa, y entrar por la puerta. ¡Los Evangélicos entran por la ventana y son ladrones! ¡Son del diablo! ¡Si usted no quiere estar con nosotros, agarre su ropita y sale de aquí!

Agarré mi ropa, e iba a salir, cuando Marta, mi hermana de crianza, me dijo:

-Ramiro, yo tengo mi casa ya. Vaya y arregle sus cosas, pero usted puede quedarse en mi casa y comer.

Ella siguió diciendo:

-Pero, la única cosa que yo voy a decir es que mamá y papá te criaron. Ellos no te puedan ayudar de ninguna manera, pero venga todo los días y haga el trabajo. Yo soy Testigo de Jehová, pero usted puede estar al lado mío. ¡Sigue adelante!

Yo tenía como 20 años y ya era un hombre. Yo pudiera salir a trabajar y otros me hubieran invitado a trabajar. Y ahora estaba diciéndome que tenía que venir a trabajar otra vez, aunque me sacaron de la casa.

Yo pensaba: "¡No, yo no voy a hacerlo!" Arreglé mi cosas y oré, "¿Señor, qué hago, Papá, qué hago Señor?" Yo escuché una voz detrás de mí que decía: "¡Obedezca a Marta!" Vino la voz tres veces. Yo pensaba. "¿Señor, otra vez?".

En la mañana yo fui a trabajar y le dije a mi mamá:
-¡Buenos días, mamá! ¡Buenos días, papá!
Ellos no me contestaron nada. Por dos años, yo estaba en la iglesia, y trabajé por ellos, duramente. Dije "Buenos días" por dos años y ellos nunca me contestaron.

Capítulo 2

TIEMPO DE SALIR

Pero llegó el momento cuando vino la voz de Dios diciendo que yo debía salir.

Yo debía una plata, ochocientos colones, porque tenía un bebé con una señora allá. Yo debía esta plata. Ahora yo me decía: "Señor Papá, ayúdame para que yo pueda terminar de pagar toda la deuda. Cuando yo pago toda la deuda, Señor, me voy con usted, Señor Papá".

Hice este voto, no con un hombre, pero con el Señor, y yo iba a cumplirlo. Vino una cosecha de cacao y yo corté más que 300 cajas de cacao. Yo pagué todo y me quedé con veinte colones.

Ahora me dice el Señor:
-Vaya y pide perdón a su mamá y papá.
-¿De qué voy a pedir perdón, Señor, si no le he hecho nada a ellos?
Tres veces vino la palabra del Señor, y yo tenía que cumplir.

En la tarde, yo fui a pedirles perdón. Yo dije:
-Buenas noches, mamá y papá -, y ellos no me contestaron. Yo dije:
-Es la última vez que ustedes me verán. Ya me voy de aquí.

Ellos comenzaron a llorar. Ellos me dijeron:
-Hijo, hijo, usted no tiene que pedirnos perdón. Nosotros tenemos que pedirle perdón. Estos dos años, podemos ver que usted es otro Ramiro. Usted ha cambiado, y ahora es otro Ramiro. ¡Este Ramiro ha ido a trabajar y ha hecho el trabajo muy bien!
Ellos lloraron y me dijeron:
-¡Perdónanos, porque nosotros somos del diablo y usted no!

Aunque yo no sabía nada de esto, yo pude ver la mano de Dios, de cómo Dios hizo esta parte.

¿ESTÁ USTED BORRACHO?

Ahora. Me fui para mi casa. Como yo antes trabajaba para la Petrolera, tenía mucha ropa. Tres valijas de ropa. Yo cambié ropa dos o tres veces al día. Ellos me pagaban como panameño y me pagaban 380 balboas mensuales, que era mucho en esos días.

Yo fui a los vecinos en Puerto Limón, y dije:
-¡Vengan, aquí hay ropa!

Ellos me dijeron:

-Ramiro, ¿está usted borracho o loco? ¿Para dónde va?

Yo les dije:

-Yo no sé a dónde voy.

En esos días, yo era más grande porque había hecho pesas, practicaba boxeo y todo. Yo tenía un buen cuerpo. Ellos me dicen:

-¿Usted está borracho?

Yo dije:

-No, no estoy borracho. Yo me voy mañana. ¡Agárrenla! Tome, esto es suyo.

Los trastes se los di a una señora que me había ayudado en todo.

Así fue, y me quedé con solamente una camisa, un pantalón y mi Biblia. Me dijeron:

-¿Usted creció aquí con nosotros, y para donde va?

Yo les dije:

-Yo no sé a dónde voy.

LA BENDICIÓN DE LOS DOS VIEJITOS

Ya había pedido perdón a mamá y papá pero, el siguiente día, yo fui para despedirme. Mi mamá me dijo:

-¿Quién me va a enterrar o sepultar? Usted es el único hijo que yo tengo. No tengo hijos, solamente usted. Yo necesito que usted me entierre o sepulte.

Yo le dije:

-No lo sé, pero me voy ya.

Aquí vino la bendición. Ellos me dijeron:
-Ramiro, ya usted no quiere escuchar nada, pero Dios te bendiga, donde quiera que vayas en este mundo.
La bendición de los dos viejitos.

Yo salí caminando.

¡QUIERO CONOCER A DIOS!

Caminé a un lugar y ya era de noche. Yo pregunté a una señora que estaba en una casa:
-¿Puede darme una posada?
Ella me dijo:
-¿De dónde viene usted? ¿Usted no es ladrón? ¿No ha matado a nadie?

-¡No!, -le dije, -¡No he matado a nadie! ¡No soy ladrón! Mire, yo tengo esta Biblia y es un libro negro y quiero conocer el autor de esta Biblia. Quiero conocer a Dios y por esto estoy siguiéndolo a Él.
Ella me preguntó si había comido. Yo le dije:
-No, no he comido nada.
Ella me dio arroz con frijoles, pollo, y en la mañana un buen desayuno. Yo oré por ellos y seguí caminando hasta llegar a la ciudad de Pensar.

ASÍ TODO COMENZÓ

En esta ciudad Pensar yo tenía que cruzar en bote. Pero tenía un amigo que ambos habíamos trabajado en la Petrolera, y me dijo:
-Ramiro, yo lo pago el pasaje.

Yo le dije:
-Está bien.

Él me compró el tiquete para el bote, el tren, y la comida. Yo llegué donde estaba mi hermana de crianza, Marta. Yo estaba muy sucio por dos días de camino. Ella lavó la ropa y me la puse otra vez.

A las tres de la tarde, yo fui para el centro de Limón. Cuando llegué, en el centro de Limón, allá estaba el hermano Machito y el misionero Godwin. Estaban dando tratados para invitar a la gente a la campaña de la noche. Iba a tener tres días de campaña. Yo le dije:
-Hermano Godwin, dame parte de los tratados. Yo comencé a repartirlos a todas partes de Limón, e invitarles a la reunión de la campaña de Sanidad Divina.

Así todo comenzó. Llegó mucha gente. Pero no muchos aceptaron al Señor. Sí, Dios lo manifestó, pero solamente ganamos una persona que se llamaba Álvaro. Una sola alma. Pero el Hermano Paddyfoot vino para pastorear una sola alma, y ahora en el valle de Limón tenemos bastantes obras, más que 80 obras.

Capítulo 3

VENGO AL INSTITUTO BÍBLICO

El siguiente día, vine a San José. Vine en tren con los veinte colones que yo no había gastado todavía. El tiquete costó dieciocho colones. Cuando llegué a San José, yo fui preguntando por el Instituto Bíblico. Caminando y preguntando, finalmente llegué a las cinco de la tarde al Instituto Bíblico.

Nadie estaba, solo la hermana Mari, la esposa del Superintendente Marcos Murillo. La hermana Mari, estaba con sus hijos y me dice:
-Aquí no hay nadie, pero hay una bodega allá donde se puede quedar. Pero comida no tenemos todavía, porque el hermano Murillo anda predicando.

Esa noche, me invitaron a testificar en una iglesia y me dieron diez colones. Con estos diez colones compramos arroz, frijoles, azúcar, harina, carne, queso y pan. Compramos todo eso, porque diez colones era bastante plata. Era suficiente para la familia de Marcos Murillo y para mí. Me quedé con la familia Murillo por dos o tres meses.

LA LEY DEL INSTITUTO BÍBLICO

Ahora, la ley del Instituto Bíblico era que no recibían o aceptaban a nadie que no haya estudiado hasta sexto grado. Yo no tuve nada de estudios. Los líderes del Instituto Bíblico hicieron una reunión y decidieron tener paciencia conmigo. La hermana misionera Ruth Kensinger dijo:

-¡Yo quiero romper esa ley!

Hicieron una preparatoria para mí. La hermana Elba Báez tomó mucho tiempo para prepararme y ayudarme a leer y escribir.

Cuando vinieron a Costa Rica los misioneros Larson, yo estaba en el primer año. Yo no sabía nada en castellano, solamente el inglés de los negros. Cuando hablaron acerca del Monte de Sión yo no sabía lo que significaba la palabra "monte", ni la palabra "Sión". Cuando decía: "La gloria de Jehová cayó", yo no sabía qué era "la Gloria de Jehová". ¡Fue duro para mí!

ABRO VARIAS IGLESIAS

El Superintendente Marcos Murillo me mandó con el hermano Ramón Rojas a Buenos Aires, una ciudad al sur de Costa Rica, para ser co-pastor. Llegamos a Talamanca y, de Talamanca, cruzamos a la montaña con el hermano Rojas y otro hermano de Talamanca. Llegamos a Buenos Aires; del mar al valle Central. Estuvimos cuatro días en la montaña con el frío.

En ese lugar, yo comencé a sembrar piña para conseguir dinero para ir al Instituto Bíblico. Allá me quedé casi un año trabajando en la piña y conseguí dinero para ir al Instituto Bíblico.

En Costa Rica, yo abrí varias iglesias. El hermano Marcos Murillo me había llevado al Río Cabagra, y allí yo empecé una obra casi nueva.

El hermano Marcos Murillo llevó al hermano misionero Larson a visitarme allí. Para llegar al lugar tomaba casi seis horas en Land Rover, y después en una mula, con el frío y las neblinas de la montaña. Con sus lámparas en la mano, la gente vino caminando de todos lugares en la montaña, para ir a la iglesia. Yo era su pastor.

A veces, cuando hemos tenido conferencias en Palmar Norte, yo tenía que caminar de mi iglesia porque no tenía dinero. Yo tenía que caminar de Palmar Norte a Buenos Aires unos 51 kilómetros. Por todo esto yo andaba por fe, porque esto fue la enseñanza que yo recibí.

El hermano misionero David Kensinger me dijo: - Hermano Morris, yo te puedo ayudar cuando pueda hacerlo, pero no es siempre. ¡No espere en mí! ¡Espere en aquel que te llamó, pídele a Él no más!

Esto es una enseñanza que me dio el hermano misionero Rafael Williams. Otro siervo grande de Dios, que también me lo dijo.

Yo espero en Él, no importa si tengo o no tengo, pero yo dependo de Él no más. Y Él me ha llevado a todo. Una vez, yo estaba con los misioneros y no tenía nada para comer. Pero, aunque sea agua con pan, he comido.

El hermano David Kensinger me dijo una vez,
 -Hermano Morris, cuando los primeros misioneros comenzaron, ellos comenzaron con nada. Cuando la obra misionera nació en los Estados Unidos, entonces, ya comenzó, y los misioneros han ido a todas partes del mundo.

"ESTE MENSAJE ME TOCÓ"

Me gustó mucho como la hermana misionera Ruth Kensinger habló, y esto me ayudó mucho. Ella habló de un indio que iba para matar a los misioneros con una flecha. Al llegar, él encontró a tres hombres con trajes blancos alrededor de los misioneros, y él se quedó con la flecha.

En la noche, en una iglesia, los indios escucharon todo el mensaje, y cuando hicieron la invitación, los indios entregaron sus vidas al Señor. Después, los indios fueron al Instituto Bíblico a estudiar la Palabra de Dios, y se graduaron. Ellos regresaron a su aldea y ganaron toda la aldea para el Señor.

Yo pensé: "Yo soy indio, pero yo prefiero predicar y abrir obras en Talamanca y otros lugares en Costa Rica". Me sentí que era de allí. Yo no sentía que yo era Kuna de la Isla de San Blas en Panamá para nada. Nada de los Indios Kuna. Pero, este mensaje me tocó.

Capítulo 4

¡RECUERDE QUE USTED ES PANAMEÑO!

Como yo hablaba inglés, yo pude hablar con los misioneros que estaban estudiando en el Instituto Lingüístico en San José, Costa Rica. Los Larson me invitaron a la casa para cuidar a los niños y el hermano Godwin hizo lo mismo. Empezamos a unirnos y orar juntos.

Cuando vino el hermano Godwin con rumbo a Panamá, para abrir la obra de las Asambleas de Dios, el me dijo:
-Hermano Morris, recuerde que usted es Panameño. Usted es de allí.
Lo mismo pasó con los Larson y el misionero Palser. Dios estaba llamándome a Panamá.

El hermano Godwin, ya había ido a Panamá. La campaña para plantar la nueva iglesia empezó en junio de 1967. La iglesia ya estaba en marcha. Él había hecho una película que nos mostró fotos de los Indios Kuna de las Islas de San Blas. Yo comencé a decir: "Mira mi gente. Mi mamá y papá son así".

Esto entró a mi corazón, y dije: "Señor, como este indio pudo ganar muchas almas, úsame para ir también con los hermanos misioneros a Panamá".

¡YA USTED NO NOS DEBE MÁS NADA!

Los Larson estaban listos para salir de Costa Rica e ir a Panamá, pero me dijeron que yo debo ir después. Llegó el momento de ir.

Yo había estudiado tres años en el Instituto Bíblico y no había pagado la matricula. Yo debía la matricula. El hermano Gilbert, siempre me decía:
-¿Cuándo va a pagar su matrícula?
Yo no quería llamar a mi familia, porque me sacó de la casa y yo no quería molestarles.

Yo iba a la cafetería para orar. "¿Señor, cuándo voy a pagarla?" Yo tenía que cortar café para comer algo en el Instituto Bíblico, pero llegó el momento cuando el hermano Gilbert me llamó diciendo:
-¡Hermano Morris, venga acá! ¡Firme aquí!
Yo firmé, y él me dijo:
-Ya usted no nos debe más nada.

El me dio doscientos colones (200 colones). Ya yo no tenía ropa. Con los doscientos colones, yo compré dos camisas, dos pantalones, y alisté mi pequeña maleta.

ME VOY CAMINANDO

Ya me quedé sin dinero. En la madrugada, con ese frío, yo dije: "Señor, ¿qué hago, Papá? ¿Cómo yo voy a ir a Panamá? ¡No tengo plata, nada, Señor, ni un cinco! ¿Qué voy a hacer? ¡Bueno, me voy caminando!".

En la mañana, vinieron al Instituto Bíblico el Superintendente Murillo, el Vice Superintendente Báez, los hermanos misioneros Kensinger y Brooke. Todos vinieron.

Yo dije:
-Hermanos, yo he decidido ir a Panamá y quiero despedirme. -No me dijeron nada.

Yo comencé a caminar del Instituto Bíblico para una pulpería (tienda) de un hermano, cuando el hermano Báez me llamó. Escuché una voz lejos diciéndome:
-¡Hermano Morris, hermano Morris, venga!

Yo regresé, y el hermano Báez dijo:
-¿Para dónde va?
Le contesté:
-Yo me voy para Panamá ya.
Y él me pregunta:
-¿Usted tiene plata?
Yo le dije:
-No, yo no tengo plata.
-¡No seas loco!, dice el hermano Báez. -¿Usted cree

que Panamá queda solamente a la vuelta? Yo dije:
-Hermano, yo estoy dispuesto a caminar.

Tal vez estaba loco, pero creí que el Espíritu Santo y el Espíritu de Dios, hicieron esto para que los hermanos me ayudaran. Yo no entendía nada de lo que Dios estaba haciendo hasta después de años.
-¡Voy caminando!.
-¡No!, -ellos me dijeron, y sacaron cien colones. El boleto de San José a la frontera me costó cien colones.

ERA UN HOMBRE SIN PAÍS

Al llegar a la frontera, no pude pasar. Yo no era panameño. Yo no era tico (costarricense). Yo no tenía papeles de ningún país. Era hombre sin país. Fue en 1968, el año cuando Omar Torrijos tomó el poder en Panamá. Había una huelga y muchas policías y nadie pudo cruzar.

Empecé a caminar a la ciudad de La Cuesta y me encontré con el Pastor Francisco y entré en la iglesia. El pastor me dijo:
-Hermano Morris, venga a la plataforma. ¿A dónde va?
Yo le conteste:
-Me voy a Panamá, pero no puedo cruzar la frontera.
El pastor dijo:
-¿Cuántos panameños hay aquí en esta noche? Había

un buen grupo. Él dijo:

-¡Lleven al hermano Morris al otro lado, cruzando las montañas!

¡Y lo hicieron!

Al cruzar la frontera, abordé un bus que iba para la ciudad de David, en la provincia de Chiriquí, en Panamá. Pero yo no sabía que el bus tenía que pasar otra vez por la frontera. El bus lo paró por la guardia, y el agente dijo:

-¡Salgan todos, salgan!

Todos bajaron del bus para mostrar sus papeles, menos yo.

Me quedé en el bus, y yo no sé si no me vieron, si Dios me hizo invisible o no, pero revisaron los papeles de todos, pero no me dijeron nada. Esto pasó siete veces antes de llegar a David.

Al llegar a David, yo tenía mil tratados y comencé a predicar y dar los tratados. Alguien vino y me preguntó:

-¿De dónde viene?

Yo le contesté:

-Vengo de Costa Rica.

TODO ERA EL PLAN DE DIOS

Estaba en la ciudad de David e iba a salir para la ciudad de Santiago. Hice la última llamada al hermano David Godwin en la ciudad de Panamá. Yo todavía estaba viviendo con treinta y cinco centavos.

Llegó un muchacho joven y se sentó cerca de mí. Él me preguntó:

-¿Usted conoce la ciudad de Panamá?

Yo le dije:

-Tengo años que pasé; fue en el año 1943.

Él me dijo:

-¿Usted sabe dónde sale el bus?

-No, no sé, -le dije.

El muchacho me dice:

-Bueno, cuando lleguemos a Panamá, usted va a seguirme a mí, y voy a llevarle al Hotel Ideal. Yo dije:

-Pero hay alguien que va a esperarme, no sé.

Al llegar a la ciudad de Panamá, yo seguí al muchacho hasta el Hotel Ideal. Vi un carro allí, pero yo no sabía por qué el carro estaba allí. Yo crucé la calle y llamé al hermano Godwin otra vez. El me preguntó:

-¿Dónde está?

-Yo estoy en el Hotel Ideal, -le dije.

El hermano Godwin contesto:

-Bueno, el hermano Larson salió a las nueve de la noche para buscarle y él debe estar allí. Pero si no está, dígale a la muchacha del hotel que debe darle un lugar para dormir y en la mañana vengo a sacarte.

En ese momento, yo vi el carro otra vez y fui y toqué la ventana. Era el hermano Larson que estaba esperándome. Ya era a la una o las dos de la mañana. Pero todo era el plan de Dios.

Capítulo 5

¡BUSQUE A SU FAMILIA!

Ahora, aquí no termina la historia. Yo estaba aquí con los misioneros casi un año, antes de ir a la Comarca Tacamaca. Durante ese año, yo ayudé al hermano Ricardo Larson, en la zona del Canal, yendo casa por casa, tocando puertas, invitando a la gente a la nueva iglesia en inglés. Ayudé al hermano Godwin en la nueva iglesia en Vista Hermosa y al hermano Palser en su nueva iglesia en la ciudad de Colón.

Un día, uno de los misioneros me dijo:
-Hermano Morris, busque a su familia.
Yo empecé a buscar entre los indios, en la ciudad de Panamá, porque había muchos indios aquí. Yo pensaba "¿Cómo voy a encontrarles?" Busqué y busqué, preguntando si había alguien de Río Tigre. Y me dijeron:
-Sí, sí hay alguien de Río Tigre.
Era mi tío. Preguntaba yo:
-¿Mi mamá y papá están vivos?
-¡Sí, sí viven!.

Les mandé una carta a ellos y después hice una reunión con los misioneros, para conseguir dinero para ir. Entre todos me dieron para mi pasaje, que era ocho dólares, y algo para comer. En la carta les mandé a decir, que iba para allá, y les preguntaba cómo podemos hacer contacto. ¿Por qué el avión iba a aterrizar en la isla de Nargana, por qué todavía no había pista de avión en la isla de Río Tigre?

Llegué, como a las dos de la tarde, y allá estaba mi papá. Más o menos pude conocerle porque yo tenía una foto de él. Yo dije:
-¡Este es mi papá!
Pero a mi mamá no la conocía. Ya tenía años de no ver a mi mamá. Ella tenía un pañuelo y al verme bajar del avión, ella comenzó a llorar. Ella vino para agarrarme.

EL PERDIDO HA REGRESADO

Para ir de donde me dejó el avión, de Nargana a la isla de Río Tigre, tuvimos que viajar en cayuco. Para mí era la primera vez que viajaba en cayuco. Era casi una hora en ese cayuco y yo tenía mucho miedo.

Al llegar a la isla de Río Tigre en la tarde, había mucha, mucha gente esperando para verme. Ellos estaban hablando y hablando y yo no entendía nada de su idioma. Era *gibberish* (charla incoherente) para mí. Había un primo mío que sabía hablar castellano y me ayudó a interpretar para hablar con mi mamá. Mi papá hablaba inglés y yo pude hablar con él.

En las semanas después, vinieron personas de muchas islas para verme. Parece que pensaban: "El perdido ha regresado".

¡NO, NO VOY A TOMARLO!

Yo estaba orando y orando porque la comida me cayó muy mal y me enfermé. Me quedé muy delgadito. Una noche, en un sueño, vi a mi mamá levantarse y bañarse. Ella se puso su traje, su collar que tenía que ponerse, y se fue donde un tío mío que era "adivino", para conseguirme medicina. En el sueño, vi a mi mamá hacer el café y poner un polvo en el café. Ella lo hizo todo. Yo vi todo esto en el sueño. Al rato, me desperté y me dije a mí mismo: "¿Qué es esto?" Ya yo me había despertado, mi mamá fue para bañarse y para hacer mi café. Pensaba: "¡Esto está mal! Era igual a como yo lo vi en el sueño".

Ella regresó y me trajo una taza de café caliente como yo lo tomaba. Pero yo no lo tomé, lo tiré y ella comenzó a llorar. Ella me dijo que el "adivino" decía que yo iba a morir y si él lo dice, entonces sí iba a morir. También, le dijo que la sangre no estaba bien y que necesitaba medicina en la sopa o comida. Yo le dije:
-¡No, no voy a tomarlo!

Ya, yo no pude comer nada en la casa de mi mamá. Yo tenía un cuñado y él me hizo el desayuno. El me trajo café con leche y él hizo pan; entonces, yo pude comerlo. Pero en la casa de mamá no pude comer más. Tuve un mes malo, malo. No podía caminar. Tan cansado, sin fuerzas. Después de un mes, yo dije: "¡No, no, yo tengo a Dios!".

La isla era puro coco. Una tarde, como a las 7:00 p.m., yo fui a la parte del punto de la isla y me senté. No había coco arriba en la palma. No había llovido por tres meses. Era puro sol caliente allí. El viento estaba soplando. Me senté y dije: "Jehová, Dios de los ejércitos, yo he visto muchos milagros en mucha gente, Señor. Ha resucitado mucha gente, Señor. Sí, tú me has llevado a Costa Rica para conocer tu palabra, para conocerte, Señor, y ahora vengo a mi país, para hacer el trabajo que tú me has indicado hacer, ¿y ahora me dicen que voy a morir?".

Yo seguí orando y era como a las once de la noche, cuando una gotita de agua cayó en mi frente. Esa gotita de agua fue por todo me ser. Pensé, "¿De dónde viene esta agua, porque no está lloviendo?" ¡Me levanté, ya estaba bien! ¡Yo caminé! ¡Sí, yo brinqué! Y grité:
-¡Gloria a Dios! ¡Aleluya, Señor! Tú has hecho el milagro, Señor. ¡Aquí estoy, Señor!
Una gotita de agua y vino mi milagro.

Yo regresé a la casa contento y me rodeé y descansé. Dormí tranquilo. En la mañana, yo quería comer algo y fui a la casa de mi cuñado y le dije:
-Yo quiero que me haga una avena con leche.

Él fue y me compró un huevo, lo hizo con pan, y yo comí el desayuno. Al medio día yo quería sopa y él agarró un pescado e hizo sopa.

En la tarde, yo fui al congreso (una reunión de los caciques). Me senté en el congreso y ellos me dijeron:
-¿No dice que usted va a morir?
Yo dije:
-¡No, no voy a morir! Yo vengo para ver a mi tío.
Mi tío vino entrando y yo dije a mi tío:
-¡Tío, tú dices que voy a morir, pero yo no voy a morir! ¡Aquí estoy! ¡Dios me hizo un milagro y Dios me sanó a mí! ¡Aquí estoy!

Después de algunos meses, o tal vez un año, se enfermó mi tío y me llamó para qué orara por él. Fui, y yo oré por él, y de verdad se sanó. La gente me llamaba para orar.

Capítulo 6

EMPEZÓ LA OBRA

Así comenzó la obra en la isla de Río Tigre. Ya había una iglesia bautista y ya ellos no querían otra iglesia. Yo estaba haciendo reuniones y reuniones, pero no pude conseguir permiso.

Yo llamé al hermano Godwin y yo le dije:
-Necesito ayuda.
Y él mandó al hermano Larson para una reunión con los caciques. Pero Dios es todo y todo era el plan de Dios. Vino el hermano Larson y estuvo conmigo dos días. Los caciques querían saber si yo tenía jefe, porque ellos piensan así. Yo dije:
-Sí, yo tengo a los hermanos misioneros.

Los Kunas aman a los norteamericanos, porque los norteamericanos han ayudado mucho en años atrás, y ellos les tienen gran respeto a los norteamericanos. El cacique dijo:

-El pastor de la Iglesia Bautista no es de la isla de Río Tigre, no es de nuestra Isla. Hace años pusieron una escuela y mucha gente de nuestra Isla ha estudiado y salido a muchas partes del mundo para ser abogados, doctores, ingenieros, y capitanes. Ahora, Ramiro ha estudiado para que él pueda hacer la obra de las Asambleas de Dios aquí.

Los hermanos misioneros Godwin y Larson vinieron para una reunión con los caciques. Los caciques pidieron una explicación y al principio dijeron:

-Ya aquí hay una iglesia. ¿Cómo vamos a dividir a los miembros entre una iglesia y otra?

Los misioneros dijeron:

-No, no, esto no es trabajo de ustedes. La gente que Dios toca, por medio del ministerio del hermano Morris, es la que va a estar en la iglesia. Y los que quieren ser bautistas, pueden ser bautistas.

En la noche asistimos al congreso, donde los hermanos predicaron, y mi primo, Willis, interpretó. Así es como empezaron las Asambleas de Dios aquí en la Isla de Río Tigre.

Yo comencé a hacer cultos con los niños

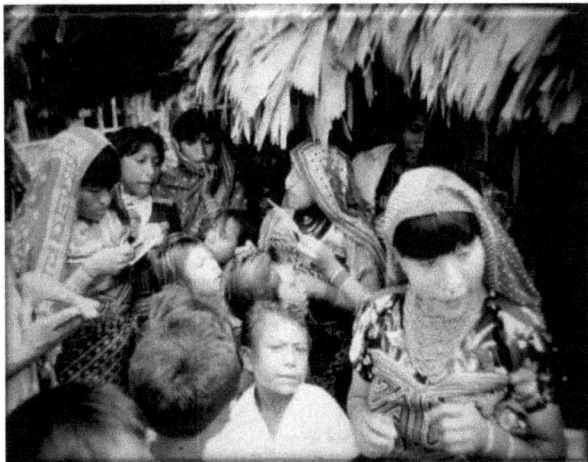

DEBO CONOCER SUS COSTUMBRES

Los de la isla no me entendían nada todavía. Yo pedí al Señor: "¿Cómo lo hago? Debo estar con esta gente. Yo me vine para ser vocero". Vino el pensamiento: "Yo debo conocer las costumbres de ellos".

Y profundicé bastante. "¿Si yo no conozco las costumbres, como yo voy a predicar? Ellos no van a entenderme". Ahora, el mismo tema que ellos usan, lo uso también, y ahora lo aplico de la manera que lo dice la Biblia. Y así pueden entenderme.

Me quedé varios años así. Toda la Comarca estaba buscándome. "¿Dónde está Ramiro? ¿Dónde está?

Él ya nos da consejos." (Ahora yo estaba en Panamá). Dios hizo una obra especial porque ellos lo dicen. Y la honra y la gloria son para Dios. "¡No hay otro como Ramiro!".

Otra cosa: me invitan para cualquier ayuda. Nosotros ayudábamos mucho. Aquí en la Isla se quemaron algunas casas, se quedaron sin ropa, sin comida, sin nada, pero los hermanos en Costa Rica recogieron un dinero y otros ayudaron bastante para ayudar a toda esta gente. Ahora la gente nos busca. Veo lo que Dios ha hecho. Antes me rechazaban, pero ahora me buscan.

Capítulo 7

¡CÁSESE CON SU PROPIA GENTE!

Ahora, ya yo estaba buscando una esposa para mí. Pero en las Islas de San Blas, no es así. Allá, mamá y papá buscan esposo o esposa para su hijo o hija. Pero, me equivoqué. A mí me gustaba una muchacha de la Iglesia Bautista. Una muchacha buena. Ella cantaba y servía como maestra. Yo necesitaba a alguien para que me ayudara con los niños.

Como yo tenía tantos años de vivir afuera, cuando yo llegué mi mamá me dijo:
-Ramiro, no vaya a pescar, ni vaya al monte. ¡Nada, nada! Usted se queda aquí y nosotros vamos a trabajar para usted.
Me quedé un año sin trabajar. Pero, ¿quién va a casarse con un hombre vago?

Ellos buscan hombres que trabajan, y el papá y mamá de la muchacha dijeron:
-¡A él no!
Busqué otra muchacha y tampoco. Yo dije:
-Está bien. En Costa Rica hay muchas hermanas solteras. Voy a regresar a Costa Rica.

Cuando yo dije esto, yo fui a Panamá, y el hermano

misionero Rafael Williams me dijo:

-Hermano Morris, yo he estado mucho tiempo con las razas indígenas y quiero decirle: ¡No haga eso! ¡Debe casarse con su propia gente! Porque si usted se casa con una de Costa Rica y va a la isla, no van a recibirla. Solo van a recibirle a usted, pero a ella la van a rechazar.

Él me dijo que si usted se casa con su propia gente, a los dos los van a recibir, y el cacique también. Y yo tenía que obedecer.

"AQUÍ ESTA ELLA"

Ahora, una tarde mi papá vino a mí y me dijo:

-Hijo, un Señor me llamó y dijo: "Yo tengo una hija y estoy buscando un marido para ella. Yo quiero que sea su hijo".

Él había buscado a dos muchachos, pero ninguno quería casarse con ella. El señor dijo:

-Yo entiendo que los pastores tienen que estar pastoreando. Que no pueden trabajar mucho. No lo voy a obligar, pero yo quiero entregarla a su hijo.

Mi papá contestó:

-Mi hijo no es ningún niño o un muchacho. Es hombre ya. El entiende y usted tiene que hablar con él.

Yo fui donde estaba el señor y hablé con él. Él me dijo:

-Aquí está ella.

Allá, en la isla, cuando usted promete, tiene que casarse de una vez. No dos o tres días después, pero es ya, de una vez. Pero, cuando mi suegro fue hacia el cacique, el cacique dijo:

-Váyase, mándeme a Ramiro.

Yo llegué; el cacique y mi sobrino estaban allí. Me dice:

-Aquí tiene una ley que cuando su mamá y su papá, y la mamá y papá de la muchacha se reúnan, deben casarse de una vez.

Pero el cacique siguió diciendo:

-Pero, voy a respetarle; como usted no creció aquí, usted creció afuera, le voy a dar tres meses de noviazgo. Después de estos tres meses, usted viene para casarse aquí. ¡Tiene que casarse aquí! Pero vaya, y dígale a su jefe para que sepa.

TRES MESES PARA PREPARAR TODO

Yo fui donde el hermano Godwin y él me dijo que como estaba comenzando la iglesia y ya tenía reuniones todas las noches, él no tenía tiempo para ir a casarme, y el hermano Larson tampoco tenía tiempo.

El hermano Palser no tenía tiempo, pero, el hermano Palser me dijo:

-Voy a llamar a mis hermanos que están en el estado de Indiana, en Norteamérica, y dentro de unos meses, ellos van a venir.

Llegaron de tres a cinco miembros de la familia del hermano Palser. Llegaron el mismo mes para casarme.

Pero yo iba a utilizar estos tres meses para ir a Costa Rica. Yo estaba buscando un poco de dinero, una ofrenda con los hermanos de las iglesias en Costa Rica. Allá los hermanos me dieron una buena ofrenda.

Regresé a Panamá; cuando vine, yo tenía que comprar un cerdo grande. Este cerdo me costó ochenta dólares. Era muy grande. También tenía que comprar arroz, cuatro sacos de arroz, macarrones para mezclar con la carne; esa tenía que ser bien picadita y bien hecha para mezclarla con los macarrones. Esto era para dar a todo el pueblo de la isla cuando un miembro de la comarca se casa. Comieron en la mañana desayuno, almuerzo y cena. Esto era mi responsabilidad. Pero no era mucha plata, pero gracias a Dios que con cien dólares yo pude hacer todo.

Un norte estaba soplando fuerte cuando ellos llegaron por avión y nos casaron en la noche. Yo me casé con la costumbre tradicional de la comarca, primero en la hamaca y después en el congreso. Mi primo interpretando toda la ceremonia, y nos casamos.

Priscila estaba con todo el oro, con todo, y yo también me puse mi saco y mi corbata y nos casamos en el congreso. Todo, todo, quedó bien bonito.

Todo fue el plan de Dios, no de nosotros. Así fue mi matrimonio con Priscila. Allí andamos con Priscila. Ya tenemos 44 años de casados. El año que nos casamos fue 1969.

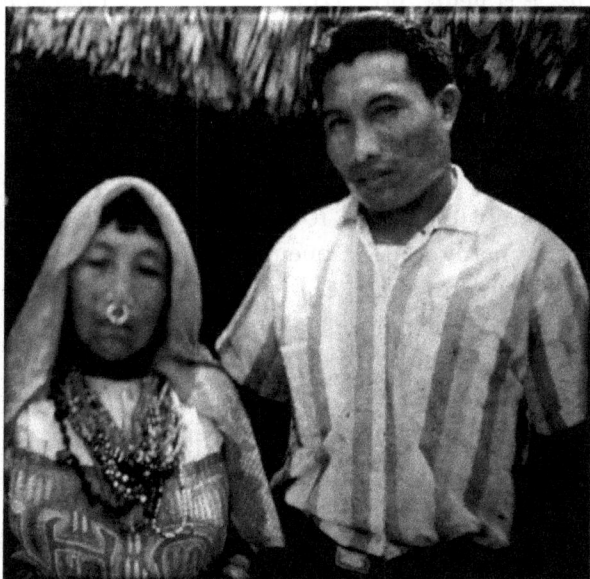

"SEÑOR, TODO LO QUE YO TENGO ES SUYO"

Hemos tenido cinco hijos. Nació el primer hijo, Elí, y cuando él ya tenía cerca de tres años, se enfermó con pulmonía. El segundo hijo, Esteban, apenas tenía meses y se enfermó de pulmonía también. Yo no tenía dinero y el hospital estaba a ocho horas en bote. No tenía nada, nada.

El primer hijo murió a los cinco días y el segundo murió seis días después, a los once días. Los dos murieron en la misma semana. Esto le dolió bastante a mi esposa Priscila. Yo lo sentí también. ¡Yo no lloré delante de la gente, no! Yo tenía que ir a la punta de la isla. Pero en la noche fui solo para llorar y orar. Yo dije:

-¿Señor, qué es? ¿Tal vez hay algo? No sé.

Pero después yo comencé a estudiar la Biblia, el libro de Job, como Job perdió todo. Perdió sus riquezas, sus hijos, y perdió todo lo que tenía. Pero él dijo:

-Todo lo que yo tengo es suyo, Señor. No tengo nada. Todo es del Señor. Si tú me das, tú recibes otra vez.

Yo tenía que decir la misma cosa: "Señor, todo lo que yo tengo aquí, es suyo, Señor. Solamente tengo el Espíritu suyo, Señor, que está en mí, nada más."

Después nació la hija, Loida. Después nacieron gemelos, aunque Priscila no sabía al principio que eran gemelos, se enteró al nacer ellos. Pero cuando nacieron, uno murió y el otro vivo era Ronald, que ya tiene 37 años. Después nació Salugun, su nombre en el dialecto.

ORIGEN DE RAMIRO MORRIS

Hay otra historia aquí. Resulta que mi abuelo creció en Inglaterra, y allí en Inglaterra le llamaban Salomón Morris. Pero al regresar a la isla, los indios no pueden llevar el nombre de Salomón, le cambiaron el nombre por Salugun.   Yo para recordar a mi abuelo Salugun, le puse a mi hijo ese nombre.

Yo le he dicho a Dios que todo lo que tengo se lo entrego a Él, y esto incluye a mis hijos.

Capítulo 8

LIBRE DE LAS TRADICIONES

En las islas, la tradición es fuerte todavía. Hay muchos que están saliendo poco a poco. Pero hay que seguir las tradiciones. ¡Me ha costado mucho! Ahora mi esposa Priscila está libre de todo esto.

Antes era duro porque tenía que hacer la ceremonia de la 'chicha': una para mi esposa y otra 'chicha' para nuestra hija. Eso fue muy duro para mí. Pero ahora las cosas han cambiado y todo para Priscila primero es Dios.

Una vez, fuimos mi esposa y yo a Costa Rica a la ciudad de Naranjo. Allí yo prediqué y ella puso sus manos sobre las mujeres y ellas cayeron por la unción del Espíritu Santo. ¡Gracias a Dios! Ya las cosas han cambiado. Pero me ha costado.

El hermano misionero Bill Brooke me dijo:
-¡Yo lo admiro, hermano Morris, que usted esté en la obra! Tantas cosas han pasado con usted, que hubiera sido fácil salir del ministerio. ¡Pero, yo lo admiro!

CONSTRUYERON UN EDIFICIO

Iglesia en Río Tigre

La Familia Dewey, evangelistas y músicos, de Nashville, TN, venían cada año para ministrar en Panamá. Ellos fueron a Río Tigre y vieron que la nueva obra no tenía edificio. Estábamos solamente bajo los árboles.

Los Dewey regresaron a América y fueron a un banco para conseguir un préstamo personal para construir el edificio para la nueva iglesia de las Asambleas de Dios en Río Tigre.

La iglesia que los hermanos Dewey construyen ya tiene cielorraso y está pintada. Solamente falta el piso para ponerle mosaico. También, hay un hermano de aquí de Panamá que nos ha ayudado mucho.

MINISTRANDO JUNTOS

Priscila y yo, hemos viajado mucho. Hemos estado en treinta y cinco estados de Los Estados Unidos. Priscila es la única mujer de las islas que ha ido con el traje Kuna. Es la primera vez en la historia que se permite esto. Todas las mujeres tienen que cambiarse el vestido antes de ir a otro país, pero Priscila es la única que ha salido con su Mola.

Cuando vamos a otros lugares, y estamos en un servicio, ella habla en el dialecto y yo interpreto. Esto ha pasado muchas veces. Muchas personas han aceptado a Cristo por medio de ella.

INVITADOS A GEORGIA

Priscila y yo fuimos al estado de Georgia. Un hermano de la iglesia Bautista, Ron Tyson, trajo los Boy Scouts de Estados Unidos a Panamá a la Zona del Canal. Llevaron varios Boy Scouts en una lancha a la isla. Como Ron solamente hablaba inglés, me invitaron a hablar con él. Hicimos amistad. Él me dijo que él iba a hablar con los hermanos de las Asambleas de Dios en Georgia para que me invitaran a ese estado. Me invitó a Georgia.

Resulta que había más de 500 fincas en Georgia e invitaron a los finqueros y dentro de esas estaba la finca del Ex Presidente Jimmy Carter. Llegaron más que 500 en la mañana para el desayuno, y yo hablé con ellos.

El siguiente día, todos los pastores de todas las iglesias, hasta católicos, vinieron también. El último día, todos los gobernadores en Georgia, más de 200, llegaron. Hicieron una plataforma grande y yo hablé y prediqué. Yo no sabía porqué estaba pasando todo esto. Priscila andaba conmigo. Me dieron ropa, doce cajas grandes de ropa de todo. Yo pude distribuir ropa a toda la isla y a otras islas también. Me dieron una motosierra (chainsaw) para cortar madera y una maquina también. Compré un motor.

Capítulo 9

VOY A SER CARNADA DEL TIBURÓN

Aquí viene otra historia. Yo salí solo en el bote. Yo había comprado un motor con 150 dólares, un motor nuevo con gasolina. Estaba a un poco más de ocho horas de mi isla y me sobró comida, arroz y ropa. Ese día el viento era fuerte y creció mucho el mar.

Habían transcurrido entre dos o tres horas de viaje, y el bote se partió en dos. Yo perdí todo lo que llevaba, toda la ropa, la comida y el motor. ¡Todo, todo, todo! Me quedé en una parte, una partecita del bote, no más. El mar se vino sobre mí y yo dije al Señor: "Yo no he ganado un alma todavía, nada, y ahora voy a ser carnada del tiburón".

Vinieron cuatro tiburones con grandes atletas. Vinieron donde estaba yo. Cuando yo vi esto, le dije al Señor: "¿Cuando voy a sentir este mordisco del tiburón, Señor?" Y yo estaba orando, orando y llorando también. Yo no sabía lo que había hecho. Pensé, ¿será un pecado que todavía no había salido de mí

En un rato, comencé a escuchar un ruido de un

"*swish, swish.*" Eran dos delfines haciendo ruido y brincando sobre mí. Casi estaban hablándome. Estuvieron un ratito y se fueron. Creo que ellos escucharon una lancha que venía por allí.

Eran unos marinos en lancha, y me dijeron que los delfines vinieron a la lancha donde ellos estaban, dando vueltas y vueltas y brincando. Dicen que cuando brincan ellos están dando señal de que está pasando algo. El capitán dijo:
-Algo está pasando. Vamos a seguirlos.

Los delfines regresaron nuevamente a mí y comenzaron a brincar y dar vueltas. Después, se fueron. Pronto, yo escuché que la maquina venía. Yo tenía una camisa blanca e hice señales y pronto vinieron a rescatarme. Casi seis o siete horas en el mar. ¡Me rescataron!

NO ME HICIERON NADA

En Cabagra, el río había crecido tan grande y no pude cruzarlo. Yo tuve que dormir en una rama. Allí me quedé. Hacía mucho frío, pero allí estaba yo. En la mañana, por la madrugada ya estaba claro, vi una gran culebra en mi cabecero. Era una culebra grande. Yo me desperté tempranito y salí muy calladito

Otra noche, cuando yo no podía cruzar algún rio por la creciente, tenía que dormir cerca del camino. Un día tuve que dormir a la orilla de un camino. Al despertarme estaba una gran pantera acostada a mi lado. Al levantarme, la pantera también se levantó y se fue.

En un río grande, donde hay mucho lagarto, un día me dormí cerca del río. Allí estaban los lagartos, pero no me hicieron nada.

¿HAS VISTO ÁNGELES?

Alguien me preguntó en una entrevista,
-¿Hermano Morris, yo quiero saber si usted ha visto a los ángeles?
Yo le dije:
-No, hermano, yo nunca he visto ángeles. Solo una vez vi a un hombre venir con rostro grande. El me agarró, me llevó a un lugar y me volvió a traer donde estaba otra vez. Después vi a otro hombre una vez que me quedé sin comida en la Comarca.

Una noche, un barco de vela de estos yates chicos, venía muy tarde. Un hombre llegó, tocó la puerta y dijo:
-¿Aquí esta Morris?
-Sí, está Morris.
Era un hombre alto, delgado, jovencito, y me dijo:
-Cuando yo estaba comprando comida en un supermercado en Miami, escuché una voz que me decía: "En la isla a donde usted va a ir, hay un hombre que se llama Morris. Vaya otra vez y compre la misma cantidad de comida para él".

Él llegó a la isla y me dio la comida. Era una caja larguísima y honda, llena de toda clase de comida, y había también un sobre donde había doscientos dólares. La gente que estaba en la lancha no durmió en la isla. No sé dónde durmieron. Solamente vinieron para darme la comida y se fueron. ¡Todo esto pude ver!

Capítulo 10

UN TARTAMUDO

La Catedral de Vida me ha recibido muy bien. El que ha sido pastor por tantos años es el hermano Ricardo Girón. Cuando yo regresé a Panamá él era un pequeño joven y era tartamudo.

Yo lo llevaba a la casa después de los servicios, porque la mamá lo castigaba por ir a la iglesia. Tuvimos que caminar de Vista Hermosa a Panamá Viejo, una distancia bastante larga. Después, Dios lo sanó y el hermano Ricardo me ha ayudado mucho.

ESTAMOS BUSCANDO JÓVENES COMO USTED

Nadie sabe que, bueno, yo no gané al hermano Edwin Álvarez para Cristo, pero el Señor estaba empezando a usarme.

Un domingo, en La Catedral de Vida, vino la hermana de Edwin Álvarez. Me dijo:
-Hermano Morris, yo sé que Dios lo usa. ¡Yo creo esto! Quiero llevarte para que hables con mi hermanito. Mi hermano está estudiando leyes y no

quiere nada con Dios. Yo quiero llevarte para que hables con él.

Le dije:
-Voy a predicar esta noche en Las Cumbres.
Ella me dijo:
-Yo voy a traerte de regreso después. No hay problema.
Le conteste:
-Está bien, pues. -Y me fui con ella.

Ellos vivían en Calle O San Miguelito. Al llegar el muchachito estaba sentado en un sofá, con pantalón blanco y sin camisa. Sudando. Él tenía un casete de salsa muy alto.

La hermana le dice:
-¡Baja la música un poquito! El hermano Morris ha venido para conocerte y yo voy a atender la comida.
Yo no sabía lo que iba a hablar con él. No tenía nada, nada, nada en mi mente para hablar con él.

Yo lo saludé y dije:
-Yo soy el hermano Morris. Soy de Kuna Yaya, pero crecí en Costa Rica, y ahora estamos abriendo obras acá y estamos buscando jóvenes como usted.
Cuando yo le dije:
-Estamos buscando jóvenes, -vino como un *flash* en mi mente: "Habla de Samuel".

Yo dije:

-Había un profeta, llamado Samuel, que Dios utilizó grandemente en Israel. Y Dios le dijo a Samuel:

-Vaya a la casa de Isaí y busque un hijo de la casa.

Samuel, llevó aceite y todo lo que un profeta tiene que llevar para ungir, y llegó a la casa de Isaí.

Cuando llegó a la casa de Isaí, Samuel le preguntó:

-¿Cuántos hijos tienes?

Él mostró a sus hijos, y ya los hijos eran grandes. Samuel preguntó:

-¿Tiene más?

-Sí, tengo uno más en el campo, pastoreando ovejas.

Isaí dijo:

-¡Ve a llamarlo!.

Cuando vino el muchacho, era un muchacho rubio y Dios dijo:

-¡Úngelo!

Esto era David, y él llegó de ser el segundo rey de Israel. Le dije a Edwin:

-Si usted acepta a Cristo como su único y suficiente Salvador, Dios le va a utilizar aquí en Panamá. No solamente en Panamá, pero en el mundo entero Dios lo va a llevar.

Yo oré con él, nada más. Él no lo aceptó, yo solamente oré con él. Y yo salí.

Después, el hermano misionero Godwin me dijo:

-Hermano Morris, el hermano evangelista Jeffrey viene otra vez para tener una campaña en San

Miguelito. Vamos a plantar una nueva iglesia. Venga para ayudarme.

Llegué y, en esta campaña, Edwin aceptó al Señor.

EN EL CLUB PTL EN CAROLINA DEL NORTE

Cuando el hermano Juan Romero invitó a Priscila y a mí a Carolina del Norte, yo pude conocer al hermano David Wilkerson. El hermano Wilkerson me dijo:
-Aquí tengo una hermana que quiere conocerte. Es la hermana Kathryn Kuhlman.

Fuimos al cuarto, y cuando mi esposa entró y la hermana Kuhlman la vio, le dio un abrazo fuerte a mi esposa. Mi esposa llevaba todo su oro, mucho oro. Tenemos foto de esto. Esto fue en el Club PTL en Carolina del Norte.

Pude conocer también al hermano Jim Baker y a su esposa. Después, la hermana Kuhlman vino a mí y me dijo:
-Ore por mí. -Y yo oré por ella. Después, ella oró por mí.

Yo no sé nada, no entiendo nada, pero la gente me busca para orar. Tantos testimonios. Dios ha bendecido a muchos cuando yo he orado. Después, yo me puse a pensar: "Dios, yo soy pecador delante de ti. Dios, ¿cómo es esto?" Pero yo recordé que grandes hombres de Dios habían orado por mí.

"¡VAMOS A DAR TODO ESTO, NO IMPORTA!"

Había una reunión de más que 600 misioneros en Fort Worth, Texas. Priscila y yo andábamos con el hermano misionero David Spencer, pero el hermano David Godwin no sabía que estábamos allá.

El hermano Superintendente dijo:
-Vamos a recoger un millón de dólares esta noche. Esta noche vamos a recoger un millón de dólares para la misión.

Nosotros no teníamos ni un cinco porque estábamos recogiendo dinero para Nicaragua, y ninguno me había dado nada personalmente, ni un cinco. Pero en el pañuelo de mi esposa Priscila había dos anillos de oro que habían costado cuarenta y cinco dólares cada uno, y cadenas de los hijos que se murieron. A cada uno le tocó una cadena.

Los misioneros con sus chequeras escribiendo cincuenta, cien. Yo no tenía plata. Solamente tenía lo que estaba en el pañuelo. Dice Priscila:
-¡Vamos a dar todo esto, no importa!
Cuando el hermano David Spencer supo esto, les dijo a los misioneros:
-Yo no quiero recibir esto. Vamos a entregar el oro otra vez a la hermana Priscila.
Yo le dije:
-¡No, No, No!

Cuando recogieron todo el dinero, el hermano Superintendente dijo:

-Aquí tenemos visitas, que están visitándonos, y vienen de una de las Islas de Panamá.

La hermana Doris Godwin dijo lo siguiente:

 -Tienen que ser nuestros misioneros.   Deben ser nuestros.   Ellos no tienen ni un cinco pero son como la viuda en la Biblia.   La viuda entregó todo lo que tenía, y esta pareja de misioneros que están en las razas indígenas no tienen nada.   Pero, de lo que tienen, ellos están dando para la obra de las misiones.

Después nos llamaron al frente y la hermana Doris gritó:

-¡Gloria a Dios!   Yo sabía que el hermano Morris estaba aquí.

Este testimonio fue publicado en un periódico en Fort Worth, Texas.

SÉ VIVIR COMO DIJO PABLO

Muchas cosas me han pasado.   Yo me desanimé bastante.   Casi iba a dejar la obra por completo.   Los hermanos en Costa Rica me dijeron que iban a ayudarme en la obra y no me habían ayudado mucho. Como la obra en Panamá estaba comenzando, ellos no me podían ayudar.

Estamos orando por una casa.   Solamente tenemos

una en la Comarca. Dice Priscila:

-Nosotros, cuando vamos afuera, nos tratan tan bien. Nos dan comida, y tenemos cuartos especiales. ¡Cómo nos han tratado!

Yo sé vivir en la pobreza y sé vivir también como dijo Pablo. Gracias a Dios, pude vivir en ambos lugares. Yo sé el hambre de otra persona porque yo la pasé también.

Cuando yo voy a una parte a la que me invitan, yo también participo en dar. Porque yo voy a recibir también.

Estamos orando y estamos buscando una casa por un valor de treinta y dos mil dólares, en Panamá en el área, más arriba de Cabra.

Hace unos cinco años, el hermano Roberto Williams, aquí en Panamá, dijo una vez:

-El hermano Morris es uno de nuestros pioneros de la obra de Panamá, él es pastor y él no tiene nada, ni casa tiene. Yo sugiero que debemos buscar una casa para él.

Todos dijeron que sí, pero no resultó. Todo está en la mano del Señor.

Ahora, mi hijo está trabajando, y su esposa está trabajando, y yo le dije:

-Bueno, la única poquita cosa que puedo recibir, yo voy a ayudar también.

Pero el Señor hace todo. No tengo que preocuparme por eso. Yo recuerdo que los misioneros antes decían:

-Aquí no tenemos nada, nada, nada, pero vamos a tener allá en el cielo.

Eso sí yo lo capté, y muchos pastores han captado esto. Algunos han vendido fincas y todo lo que tienen. Pero después he visto que nos hemos equivocado. Yo creo que sí debemos tener algo en la tierra para la familia, y en el cielo también.

Yo he regresado muchas veces a ver a mi familia en Costa Rica. Nunca los he olvidado.

Capítulo 11

OBRAS EN LAS RAZAS INDÍGENAS

En la ciudad de Panamá tenemos tres obras en las razas indígenas. En Comarca tenemos cuatro obras, y está pidiendo más.

El hermano Víctor y el hermano Jaime han ido al Instituto Bíblico a prepararse, pero yo no pude ayudarlos con las finanzas para que siguieran sus estudios. La Iglesia Bautista está recibiendo dinero directamente de los Estados Unidos, y las Asambleas de Dios no les podían ayudar. Les ha sido muy difícil prepararse. Pero, gracias a Dios, las Asambleas de Dios está tomando fuerza poco a poco entre las razas indígenas.

La hermana Green, misionera de Nueva Zelanda, vino a la isla para ayudarme. Venía cada año y trajo comida y ropa. Cada vez que ella venía se quedaba tres o cuatro días. Hasta ella iba a la casa de mi papá y mamá de crianza. Ella fue allá a la Comarca. Estaba también con mi mamá y papá de sangre.

Y ahora, que la edad de nosotros ha avanzado, esta es otra cosa. Pero ahora, no tengo obrero. No pude preparar muchos hermanos. Pero Dios está haciendo la obra allí. Ahora, tengo mi sobrino que está trabajando en Colón, y hay una iglesia en Colón.

Cuando mi espalda me dolía mucho, el hermano Ricardo Girón, uno de los oficiales de las Asambleas de Dios, me dijo:
-Hermano Morris, hasta aquí no más. Ya usted tiene muchos años de ser pastor, y es tiempo de dejar el pastorado. Pero usted tiene libertad para predicar donde usted desea, pero pastor ya no.

Nombraron al hermano Adolfo como pastor de la obra.

ESTÁN DE RODILLAS

La obra aquí en Panamá ha crecido mucho, mucho. Ya hay más que 800 iglesias bajo el liderazgo del Superintendente Lowell David. Pero allí están los hombres de Dios. Están de rodillas.

Yo he orado en el mar y adentro del mar por Panamá. Yo he orado en el Río Tuira, en la provincia de Darién, un río grande. He orado en la mañana por todo Panamá.

Cuando yo voy por el Volcán y las sierras en las montañas, yo digo: "Oh Dios, Señor, bendiga a Panamá. Bendiga la nación, Señor. Bendiga a Costa Rica, Señor".

He orado y ayunado por las islas. Pero hay hombres y mujeres, no solamente su servidor; hay muchos que están orando por Panamá. La obra ha crecido grandemente. ¡Gracias a Dios!

HABÍA UN INDIO LUCHANDO

Lo que muchos no saben es que allá, entre los misioneros, había un indio luchando también. Muchos no saben esto. Es cierto que los misioneros tenían un llamado a Panamá, pero Dios tenía un llamado para mí también.

En verdad, es que las Asambleas de Dios de Panamá nacieron en La Comarca en el año 1935, cuando yo nací. Ya estaba la obra de las Asambleas de Dios. Aunque cuando acepté al Señor como mi Salvador personal, yo no sabía lo que eran las Asambleas de Dios o la Bautista. Yo no sabía nada.

Solamente sé que yo acepté al Señor Jesucristo como mi Salvador y el Dios Poderoso. Esto es lo que acepté. Yo no acepté ninguna iglesia terrenal, pero después de cinco o seis años, ahora era las Asambleas de Dios. Esto es lo que yo tomé como mi base.

DIOS HA HECHO TODO ESTO

Todo esto que estamos plasmando en esta historia fue el plan de Dios. Fue el plan de Dios que mi papá conoció a este negro, y que mi papá me regaló a este negro. Crecí con estos negros, y fue el plan de Dios que yo pude conocer su idioma (inglés), aunque mal hablado.

Fue el plan de Dios para que pudiera conocer distintas costumbres. Costumbres indígenas, costumbres de los negros, y las costumbres de los misioneros. Todo para que yo pudiera vivir y estar en todo esto. ¡Dios ha hecho todo!

Capítulo 12

(Palabras de Juanita Larson)

UNA HISTORIA BREVE DE CÓMO EMPEZÓ LA OBRA DE LAS ASAMBLEAS DE DIOS DE PANAMÁ

- *LA FAMILIA GODWIN*

- *LA FAMILIA LARSON*

- *LA FAMILIA PALSER*

- *LA FAMILIA CEDERBLOM*

- *SUPERENTINDENTE LOWELL Y ODILIA DAVID*

LA PRIMERA IGLESIA EN LA CIUDAD DE PANAMÁ – 1967

LA FAMILIA GODWIN

Los primeros misioneros de las Asambleas de Dios de Panamá fueron David y Doris Godwin con sus cuatro hijos, tres varones y una niña. Habiendo plantado una nueva iglesia en Costa Rica, sintieron el llamado de Dios para comenzar la obra de las Asambleas de Dios en Panamá. Al llegar a Panamá, alquilaron una casa y usaron una recámara para un estudio de radio. Grabaron programas de radio, poniéndolos en emisoras locales.

Los Godwin invitaron a los evangelistas Ricardo y Elva Jeffrey para ayudarles a empezar la campana.

Los hermanos Jeffrey habían fundado muchas iglesias en América Latina.

La campaña comenzó el 13 de junio del 1967, en una carpa, y fue diseñada para plantar una nueva iglesia. Centenares de personas llegaron para recibir la salvación y la sanidad. Cuando fue necesario, compraron una sala de cine, y la iglesia tomó el nombre de Templo Vista Hermosa. En el ambiente del avivamiento, los primeros creyentes crecieron rápidamente en su fe y llegaron a ser la primera ola de obreros para fundar más iglesias.

Los Godwin siguieron como pastores hasta enero de 1971, cuando ellos regresaban a Los Estados Unidos. Después llegaron los pastores para continuar con la obra, los misioneros Ricardo y Juanita Larson como pastores del Templo Vista Hermosa.

Ellos construyeron un nuevo edificio y cambiaron el nombre de la iglesia a La Catedral de Vida. Después de seis años, los Larson salieron y la iglesia eligió al pastor Gregorio y a Doris Campos como los primeros pastores panameños.

LA IGLESIA EN LA ZONA DEL CANAL 1968

LA FAMILIA LARSON

En 1968 los misioneros Paul y Elaine Palser y su familia llegaron a Panamá con el plan de establecer una iglesia en la Zona del Canal de Panamá para los que hablan inglés.

Un edificio que pertenecía al grupo de Ciencias Cristianas estaba en venta, y los Palser hicieron los trámites para comprarlo. Ese edificio había sido una corte, y tenía una vista panorámica de la base militar de Albrook.

Los misioneros Ricardo y Juanita Larson fueron los primeros pastores por un año. Luego llegaron los pastores Townsend, los Hanson, los Buenos, y otros.

LA PRIMERA IGLESIA EN LA CIUDAD DE COLÓN – 1968

LA FAMILIA PALSER

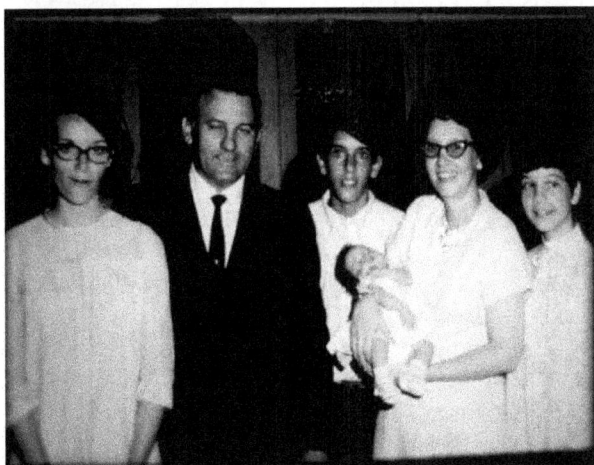

Mientras que los Palser esperaban para comenzar la iglesia en la Zona del Canal, visitaron la ciudad de Colón en la costa del Caribe. Encontraron un pueblo similar al país de Guyana Británica, donde habían trabajado. La necesidad en esa ciudad les tocó el corazón, y ellos encontraron un edificio que era un cine grande para comenzar sus reuniones. Centenares llegaron a los servicios y fue obvio que Dios estaba haciendo una obra grande.

Los Palser se mudaron a Colón, dejando la visión de la iglesia en la Zona en las manos de los Larson. Los Palser siguieron como pastores en Colón por cuatro años. Luego llegaron los misioneros Wayne y Doris Turnbull, y después Ricardo y Sharon Ellis.

LOS INSTITUTOS BÍBLICOS DE PANAMÁ

LA FAMILIA CEDERBLOM

De igual importancia fue abrir el Instituto Bíblico en la nueva iglesia en la Ciudad de Panamá y en Colón. Los misioneros enseñaron y prepararon a los primeros obreros panameños. En 1973, llegó la familia Cederblom para ser los directores de los Institutos Bíblicos en todo el país. Ellos se quedaron por muchos años e hicieron una excelente obra en nuestro país.

SUPERINTENDENTE DE LAS ASAMBLEAS DE DIOS DE PANAMÁ

LOWELL Y ODILIA DAVID

Lo que ha contribuido a la estabilidad de la obra en Panamá ha sido el liderazgo del Superintendente Lowell David. Por más de cuarenta años, el hermano Lowell ha guiado la obra con sabiduría y constancia. Hoy día, hay una iglesia de Las Asambleas de Dios en casi cada comunidad en el país.

¡Gracias hermano Lowell y hermana Odilia!

Pero, entre los misioneros había un indio luchando también.

RAMIRO MORRIS Y RICARDO LARSON

Junio 2012

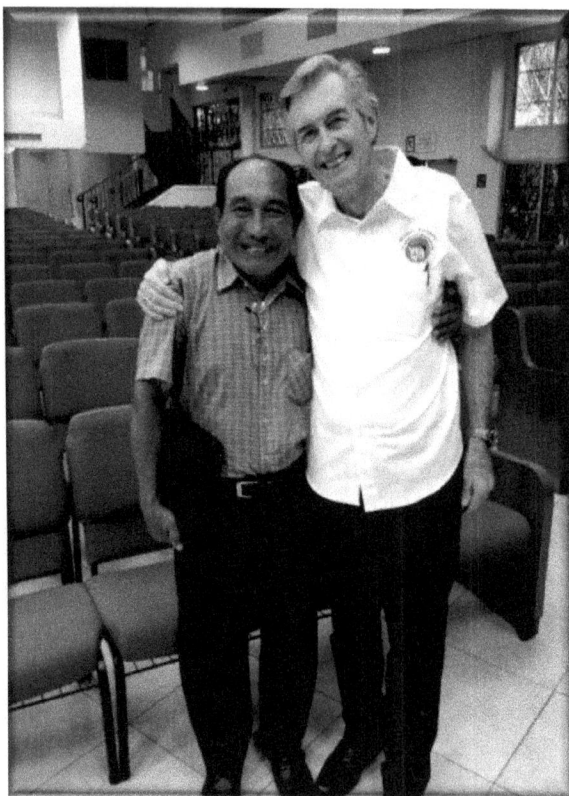

Hermanos y amigos para siempre

Juanita Larson con parte de la familia Morris.

Junio 2012